*Stefan Heym*

# Cymbelinchen oder der Ernst des Lebens

## Vier Märchen für kluge Kinder

Illustrationen von Gabriel Lisowski

C. Bertelsmann Verlag

C. Bertelsmann Verlag, München, Gütersloh, Wien/5432
Einband von Gabriel Lisowski und Hansjörg Langenfass
Gesamtherstellung Mohndruck Reinhard Mohn OHG, Gütersloh
ISBN 3-570-07669-5 · Printed in Germany

# *Inhalt*

## *Die Geschichte vom Zwerg Casimir und der Prinzessin Sismonda*

Ganz oben in den sieben Bergen, wo das Gestein rot und grün und blau und golden und überhaupt in allen Farben funkelt und wo der Wind durchs Geklüft heult und man ganz dicht am Mond und den Sternen ist, dort wohnte der Zwerg Casimir. Er hatte eine Zwergziege mit Namen Mathilde, die gab ihm Ziegenmilch und kletterte überallhin, wo selbst die kühnsten Bergsteiger nicht hinkonnten, und einen Zwerghund, der hieß Willibald und lag immer auf dem Sessel neben dem Ofen, weil es da am wärmsten und gemütlichsten war, und das liebte er.

Der Zwerg Casimir war nun nicht etwa ein gewöhnlicher Zwerg mit roter Kapuze und grünem oder blauem Röcklein, wie sie bei uns in den Vorgärten stehen oder auf hölzernen Fliegenpilzen sitzen und die Landschaft verschönern. O nein, der Zwerg Casimir hielt etwas auf sich und wollte höher hinaus; er trug enganliegende gestreifte Hosen und Schuhe mit scharfen Spitzen und ein weichledernes Wams; er färbte seinen Bart mit dem Saft der Blume Collinia Wollinia, so daß dieser nicht grau war, wie bei den anderen Zwergen, sondern blond wie ein Sahnebonbon, und säuberte sich sogar die Fingernägel; und wenn andere Zwerge ihn anstaunten, sagte er, es gäbe zwar in der ganzen Zwergengeschichte kein Beispiel, daß einer von ihnen die Prinzessin bekommen hätte, aber es hätte ja auch keiner von ihnen ernsthaft versucht, und er hätte es sich vorgenommen. Wenn die Gartenzwerge oder auch die Zwerge hinter den sieben Bergen und die vor den sieben Bergen ihn so daherreden hörten, schüttelten sie die grauen Köpfe und kraulten sich die grauen Bärte; und der älteste von ihnen, der schon so lange auf seinem Fliegenpilz saß, daß er gar nicht mehr aufstehen konnte, sagte:

Gänsefeder
Hinterleder
Bienenschwanz
Firlefanz

und die andern Zwerge dachten, wer weiß, was das wieder für Weisheiten sind, und sie kraulten ihre Bärte noch heftiger und schüttelten ihre Köpfe noch stärker.

Der Zwerg Casimir aber ging zu der Zwergziege Mathilde, und die Zwergziege Mathilde sagte:

Die Raben, die Raben,
die waben und schaben
und graben und naben –
Schwarzer Fleck,
Ziegendreck!

Der Zwerghund Willibald jedoch sagte nur Wuff! und drehte sich um und schlief weiter am Ofen.

So lagen die Dinge in diesem Frühjahr, als der Schnee schmolz und die Anemonen ihre Köpfchen aus der Erde steckten und die Schneeglöckchen läuteten, was das Zeug hielt, und alle Welt das Gefühl hatte, jetzt müßte man aber mal ganz laut und kräftig juchhe! schreien. Da dachte der Zwerg Casimir: Wer nicht wagt, der nicht gewinnt – und er nahm sein Hämmerlein und schlug aus dem Gestein, wo es am rötesten und grünsten und blauesten und goldensten und überhaupt in allen Farben funkelte, die schönsten Steine; und jeden Stein setzte er in ein Ringlein, und aus den allerprächtigsten Steinen fertigte er ein Krönlein; das sollte für die Prinzessin sein, die er sich suchen würde. Dann packte er seine Schätze in ein braunes Säcklein und kletterte auf die Zwergziege Mathilde und nahm den Zwerghund Willibald, dem das gar nicht gefiel, an die Leine, und holterdipolter ging es den Berg hinab, daß der Staub flog und ein Berghase, der gerade vorbeikam, rasch zur Seite springen mußte, sonst hätte es sicher einen Unfall gegeben. Und nun waren sie unten im Tale. Da gab es viele Mädchen. Mädchen und solche in den besten Jahren und auch alte Mädchen, die nachmittags in der Konditorei sitzen und Kaffee trinken und Apfelkuchen mit Schlagsahne essen – aber Prinzessinnen? Glaubt ihr vielleicht, die stehen an jeder Straßenecke und warten drauf, geheiratet zu werden? Nein, so ist die Welt nicht gebaut, und man muß sich schon tüchtig umsehen, um eine richtige Prinzessin zu finden, und dann ist sie meist schon vergeben, und unsereins hat das Nachsehen.

So ging es auch dem Zwerg Casimir. Er zog von einem Dorf zum andern und von einer Stadt zur andern, und die Zwergziege Mathilde wurde immer dünner und gab immer weniger Milch, und der Zwerghund Willibald wurde immer müder und griesgrämiger und sagte kaum noch Wuff! Und das Schlimmste war, daß das braune Säcklein, in dem sich die schönen Ringlein und das Krönlein befanden, immer leichter wurde – denn jedesmal, wenn der Zwerg Casimir glaubte, eine Prinzessin gefunden zu haben, die ihm gefiel, kam er des Nachts zu ihr, wenn sie schlief, und steckte ihr ein Ringlein an den Finger; und wenn die Prinzessin auf-

wachte, rief sie, ach, der schöne Ring, wer hat mir den wohl gegeben; und wenn der Zwerg Casimir das hörte, sagte er, ich war's! Aber dann sah die Prinzessin, daß er nur ein Zwerg war, wenn auch einer mit gestreiften Hosen und scharfgespitzten Schuhen und einem weichledernen Wams, und sie sagte, was soll ich mit dir anfangen, ich müßte Angst haben, daß ich dich erdrücke wie einen Floh oder verschlucke wie eine Erbse, denn viel größer bist du wahrhaftig nicht. Geh, und laß dich nicht wieder blicken! – So hatte der arme Zwerg Casimir zum Spott noch den Schaden, denn auch nicht eine einzige von den Prinzessinnen dachte daran, ihm seinen Ring zurückzugeben.
Schließlich hatte er nur noch das Krönlein und war ganz bedrückt, denn wie sollte er jetzt auf anständige Weise und so wie sich's gehört mit einer Prinzessin Bekanntschaft schließen? Er fragte die Zwergziege Mathilde, und die Zwergziege Mathilde sagte:

Die Schlangen, die Schlangen,
die bangen und wangen
und drangen und hangen –
Weißer Fleck,
Ziegendreck!

Der Zwerghund Willibald jedoch sagte nicht einmal Wuff, denn er hatte das Umherziehen und die Suche nach der richtigen Prinzessin längst satt.
So lagen die Dinge in diesem Spätherbst, als der Frost kam und die Köpfe der Herbstastern grau wurden und die letzte Rose abfiel und alle Welt das Gefühl hatte, jetzt aber nichts wie hinter den warmen Ofen und Filzpantoffeln an die Füße, damit wir nicht den Schnupfen kriegen und zu Weihnachten noch niesen!

Und gerade, wie es auch noch anfing, so traurig zu regnen, da kamen sie in das Land Mondanien, das eingeteilt war in Untermondanien und Obermondanien, und in Untermondanien herrschte der Großwesir Fitzli, und in Obermondanien herrschte der Großwesir Putzli, der König aber hieß Mondamin und war soeben abgesetzt worden, weil er alles falsch gemacht hatte. Wenigstens sagte der Großwesir Fitzli, der König hätte alles falsch gemacht, und der Großwesir Putzli stimmte ihm eifrig zu, und wenn in einem Reich beide Großwesire dasselbe sagen, dann wird es schon stimmen. Und daher setzten sie den König auf Rente, obwohl er noch gar nicht im Rentenalter war, und der arme König Mondamin ging den ganzen Tag in seinem Schloß Rondomondo nur auf Strümpfen einher, damit ihm nicht noch mehr in die Schuhe geschoben würde.
Am Tor des Schlosses Rondomondo aber war das große Staatswappen des Königs angebracht, zwei Raben und zwei Schlangen überquer mit einem schwarzen und einem weißen Fleck, und als der Zwerg Casimir das sah, hielt er die Zwergziege Mathilde an, die nun schon ganz dünn und zottig war, und die Zwergziege Mathilde sagte:

Die Raben, die Raben,
die waben und schaben –
Die Schlangen, die Schlangen,
die bangen und hangen –
Schwarzer Fleck,
weißer Fleck,
Ziegendreck!

Der Zwerghund Willibald aber schüttelte sich die Regentropfen aus dem Fell und drehte sich im Kreise, bis er sich in den Schwanz biß, und sagte wuff, wuff, wuff gleich drei-

mal hintereinander, was bei ihm eine Seltenheit war, und da wußte der Zwerg Casimir, daß wirklich eine richtige Prinzessin im Schloß sein mußte, und er bürstete sich die gestreiften Hosen und die scharfgespitzten Schuhe und zog sich das weichlederne Wams glatt und hast-du-nicht-gesehen galoppierte er auf der Zwergziege Mathilde durch das kleine Loch im Tor, wo sonst die Katzen ein und aus gehen, hinein in das Schloß Rondomondo, und der Zwerghund Willibald war an der Leine und mußte mit.

Im großen Schloßsaal spielte der Großwesir Fitzli mit dem Großwesir Putzli Karten um die Hand der schönen Prinzessin Sismonda, aber da sie beide gleich tüchtig waren im Falschspielen, gewann gar keiner. Der arme König Mondamin aber ging auf Strümpfen einher, und die schöne Prinzessin Sismonda langweilte sich. Der Zwerg Casimir trat vor sie hin und verbeugte sich tief und sagte: »Hochverehrtes, allerschönstes und zierlichstes Fräulein! Eure Augen sind heller als die Sterne der Nacht, Eure Lippen röter als der edle Stein Rubin, Eure Gestalt süßer als ein Pfannkuchen, und mein ganzes Herz ist in Liebe entbrannt zu Euch . . .«

»Ach«, sagte die Prinzessin Sismonda, »wie sprecht Ihr so angenehm zu mir, Herr Großwesir Fitzli!«

Der Großwesir Fitzli antwortete: »Ich habe gar nicht zu Euch gesprochen, Prinzessin«, und rief »Trumpf!« und stach die Karte des Großwesirs Putzli.

»Ach«, sagte da die Prinzessin Sismonda, »dann seid Ihr es gewesen, Herr Großwesir Putzli, der so angenehm zu mir gesprochen hat!«

Der Großwesir Putzli antwortete: »Auch ich habe nicht zu Euch gesprochen, Prinzessin; es wird wohl Euer Herr Vater,

der alles falsch macht, gewesen sein«, und rief »Trumpf!« und stach seinerseits die Karte des Großwesirs Fitzli.
»Herr Vater Mondamin«, sagte die Prinzessin, »habt Ihr vielleicht so angenehm zu mir gesprochen?«
»Ich?« sagte der abgesetzte König und lief noch rascher auf seinen Strümpfen einher, »ich sage gar nichts mehr, denn was man heute auch sagt, kann morgen schon falsch sein.«
»Hochverehrtes, allerschönstes und zierlichstes Fräulein!« rief da der Zwerg Casimir. »Ich bin es, der so angenehm zu Euch gesprochen hat. Ihr müßt die Güte haben, nach unten auf den Teppich zu blicken, wo die zwei roten Rosen sich küssen, dort stehe ich in meinen gestreiften Hosen und scharfgespitzten Schuhen und meinem weichledernen Wams, und ich heiße Casimir.«
Da blickte die Prinzessin nach unten auf den Teppich, wo die zwei roten Rosen sich küßten, und dort stand tatsächlich ein Männlein mit einem feingestutzten Bart, der blond war wie ein Sahnebonbon, und mit Fingernägeln, welche im Gegensatz zu den Fingernägeln der Großwesire Fitzli und Putzli sauber waren.
»Mein lieber Casimir«, sagte da die Prinzessin Sismonda, »wer so angenehm zu mir spricht wie du, verdient gehört zu werden, auch wenn er nur ein Zwerg ist. Allerdings ist mein Vater, der Herr König Mondamin, kürzlich auf Rente gesetzt worden, weil er alles falsch gemacht hat, und das verändert auch meine Lage. Ich müßte daher wissen, ob deine Absichten ehrliche sind, oder ob du nur die Notlage einer hilflosen Prinzessin ausnutzen willst. Im übrigen heiße ich Sismonda und bin im heiratsfähigen Alter.«
»Ach, hochverehrte und allerschönste und zierlichste Prinzessin Sismonda«, rief da der Zwerg Casimir und richtete

sich auf, so hoch er konnte. »Es gibt zwar in der ganzen Zwergengeschichte keinen Fall, daß einer von uns die schöne Prinzessin bekommen hätte, aber wie du dich selber überzeugen kannst, bin ich ja auch kein gewöhnlicher Zwerg in roter Kapuze und grünem oder blauem Röcklein, und um dir die Ehrlichkeit meiner Absichten zu beweisen, übergebe ich dir hiermit nicht etwa ein Ringlein, wie andere, gewöhnliche Prinzessinnen es erhalten haben, sondern ein Krönlein, wie es auf der ganzen Welt kein zweites gibt.« Und er öffnete sein braunes Säcklein und nahm seinen letzten Schatz, das Krönlein, heraus und gab es der Prinzessin in die zierliche weiße Hand.

Die Prinzessin Sismonda setzte sich das Krönlein auf ihr Haar und trat vor den Spiegel und sagte: »Ach, welch wunderbares Krönlein, und wie gut es mir steht, und wenn ich nun auch noch ein passendes Halsband dazu hätte, und passende Spangen am rechten und am linken Arm, und ein passendes Mieder, ich wäre die glücklichste Prinzessin der Welt und könnte mir aussuchen, ob ich den Großwesir Fitzli oder den Großwesir Putzli heiraten will oder gar keinen.« Zu dem Zwerg Casimir aber, der mit bangem Herzen gewartet hatte, sagte sie: »Mein lieber Casimir, das Krönlein ist wirklich allerliebst, aber du wirst verstehen, daß der Großwesir Fitzli wie auch der Großwesir Putzli gleichfalls große Schätze besitzen, welche sie mir geben werden, sobald feststeht, wer das Kartenspiel gewonnen hat. Ich würde daher vorschlagen, du bringst mir ein Halsband, das zu dem Krönlein paßt, und dann sprechen wir uns wieder.«

Da sagte der Zwerg Casimir: »Das wird aber sieben Jahre dauern, denn so lange dauert es, ein Halsband zu machen, das zu dem Krönlein paßt, und wirst du auch sieben Jahre auf mich warten?«

In diesem Augenblick kam der abgesetzte König Mondamin auf seinen Strümpfen einher und sagte: »Mit wem sprecht Ihr eigentlich, Töchterlein, und von wem habt Ihr das Krönlein?« Und die Prinzessin antwortete: »Sagt lieber nichts, Herr Vater Mondamin, denn was Ihr heute sagt, kann morgen schon falsch sein!« Und zu dem Zwerg Casimir flüsterte sie: »Du hörst, man bemerkt uns. Mach dich fort, ehe der Großwesir Fitzli oder der Großwesir Putzli dich entdecken. Auf Wiedersehen in sieben Jahren!«

Unten im Schloßhof stand die Zwergziege Mathilde und der Zwerghund Willibald an der Leine, und der Zwerg Casimir saß auf, und fort ging's durch das kleine Loch im Tor, wo sonst die Katzen ein und aus gehen, und weiter und immer weiter, ohne Rast und Ruh, ohne Ruh und Rast, bis zu den sieben Bergen und die sieben Berge hinauf bis dorthin, wo das Gestein rot und grün und blau und golden und überhaupt in allen Farben funkelt und wo der Wind durchs Geklüft heult und man ganz dicht am Mond und den Sternen ist.

Der Zwerg Casimir aber war glücklich und summte und sang und tirilierte und jubilierte die ganze Zeit, denn die Prinzessin Sismonda hatte ihm gesagt: Auf Wiedersehen in sieben Jahren – und was sind sieben Jahre für einen, der wahrhaft liebt.

Und die Zwergziege Mathilde kletterte wieder über die Felsen und lebte richtig auf, und der Zwerghund Willibald lag wieder auf dem Sessel hinterm Ofen und lebte auch richtig auf, und der Zwerg Casimir ergriff sein Hämmerlein und schlug aus dem Gestein, wo es am rötesten und grünsten und blauesten und goldensten und überhaupt in allen Farben funkelte, die schönsten Steine; und aus den allerprächtigsten Steinen machte er ein Halsband, das schöner war als alle Damenhalsbänder der Welt und genau zu dem Krönlein paßte, welches er der Prinzessin Sismonda gegeben hatte. Und er arbeitete so eifrig an diesem Halsband, daß er nicht einmal Zeit hatte, nach der Blume Collinia Wollinia zu suchen, mit deren Saft er sich den Bart sahnebonbonblond gefärbt hatte, und als die sieben Jahre um waren und das Halsband fertig war, war sein Bart ganz grau.

Auf den Tag genau nach sieben Jahren also galoppierte der Zwerg Casimir auf der Zwergziege Mathilde und mit dem Zwerghund Willibald an der Leine durch das kleine Loch im Tor, wo sonst die Katzen ein und aus gehen, in den Hof des Schlosses Rondomondo. Dort stieg er ab und sagte der Zwergziege Mathilde, sie möchte ein wenig warten; bald käme er zurück mit der schönen Prinzessin Sismonda. Die Zwergziege Mathilde erwiderte:

Hopf und Tropf
Geschwollner Kopf
Band am Hals
Allenfalls

Der Zwerghund Willibald aber drehte sich im Kreise, bis er sich in den Schwanz biß, und sagte wuff, denn er glaubte der Ziege kein Wort. Der Zwerg Casimir jedoch eilte hinauf in den großen Schloßsaal, in seiner Hand das braune Säcklein, darin das Halsband lag für die schöne Prinzessin Sismonda. Und da saßen die Großwesire Fitzli und Putzli und spielten immer noch um die Hand der Prinzessin; doch weil es mit den Karten zu nichts geführt hatte, würfelten sie jetzt; aber sie waren auch gleich tüchtig im Falschwürfeln, und so ge-

wann keiner. Der auf Rente gesetzte König Mondamin ging immer noch auf Strümpfen einher, und die Prinzessin Sismonda langweilte sich.
Der Zwerg Casimir trat vor sie hin auf den Teppich, wo die zwei roten Rosen sich küßten und rief: »Hochverehrtes, allerschönstes und zierlichstes Fräulein!«
Doch weiter kam er nicht, denn die Prinzessin unterbrach ihn sofort: »Ach, da bist du ja, mein lieber Casimir! Du bist ganz schön grau geworden in diesen sieben Jahren, das muß ich sagen. Doch hast du mir mein Halsband gebracht?«
Aber auch die Prinzessin Sismonda war sieben Jahre älter geworden; ihre Nase hatte sich deutlich zugespitzt, und ihre zarten weißen Hände waren nicht mehr so zart und weiß wie früher, und sie hatte eine Falte am Halse. Der Zwerg Casimir jedoch bemerkte das nicht, denn wer liebt und das Bild der Geliebten im Herzen trägt, der sieht nur das Bild und nicht die Wirklichkeit. Der Zwerg Casimir nahm das Halsband aus dem braunen Säcklein und gab es der Prinzessin in die Hand und sagte: »Legt es um Euren entzückenden schlanken Hals, Prinzessin Sismonda, und schenkt mir dafür Euer Herz.«
Die Prinzessin legte das Halsband um ihren Hals und trat vor den Spiegel und sagte: »Es ist wirklich ein außerordentliches Halsband, und es verdeckt genau die Falte, welche mir schon solche Sorgen gemacht hat. Wenn ich jetzt noch die Armspangen und das Mieder bekäme, ich wäre die glücklichste Prinzessin der Welt und könnte mir aussuchen, ob ich den Großwesir Fitzli oder den Großwesir Putzli heiraten will oder gar keinen.« Und zu dem Zwerg Casimir sagte sie: »Mein lieber Casimir, das Halsband ist tatsächlich von hervorragender Qualität, aber der Großwesir Fitzli

ebenso wie der Großwesir Putzli sind in diesen sieben Jahren auch nicht faul gewesen, und beide haben beträchtliche Schätze erworben, welche sie mir geben werden, sobald feststeht, wer das Würfelspiel gewonnen hat. Ich würde daher vorschlagen, du bringst mir für meinen rechten und für meinen linken Arm Spangen, welche zu dem Krönlein und dem Halsband passen, und dann sprechen wir uns wieder. Allerdings hoffe ich, daß es nicht noch einmal sieben Jahre dauert.«

»Doch«, sagte der Zwerg Casimir, »so lange dauert es leider.«

Da kam der abgesetzte König Mondamin auf seinen Strümpfen einher und fragte: »Mit wem sprecht Ihr da, Töchterlein, und von wem habt Ihr das reizende Halsband, das Eure Falte am Halse verdeckt?«

Und die Prinzessin antwortete: »Sagt lieber nichts, Herr Vater Mondamin, denn wer eine Meinung hat, behält sie besser für sich.« Und zu dem Zwerg Casimir sagte sie: »Troll dich! Und daß du mir nicht ohne die Armspangen zurückkommst! Auf Wiedersehen in sieben Jahren!«

Was blieb da dem Zwerg Casimir anders übrig, als zu tun, was die Prinzessin Sismonda ihm befohlen hatte, und nach abermals sieben Jahren galoppierte er wieder auf der Zwergziege Mathilde mit dem Zwerghund Willibald an der Leine durch das kleine Loch im Tor, wo sonst die Katzen ein und aus gehen, hinein in den Hof des Schlosses Rondomondo. Aber wie sah er jetzt aus! – Über der Arbeit an der Spange für den linken Arm der Prinzessin hatte er keine Zeit gehabt, die Blume Collinia Wollinia zu suchen und sich mit deren Saft den Bart sahnebonbonblond zu färben, und über der Arbeit an der Spange für den rechten Arm der

Prinzessin hatte er keine Zeit gehabt, sich die Fingernägel zu säubern, und seine scharfgespitzten Schuhe hatten Löcher in den Sohlen, und die Absätze waren richtig schiefgetreten; ganz mitgenommen und heruntergekommen war er. Doch in dem braunen Säcklein trug er die zwei Armspangen für die schöne Prinzessin Sismonda, und die waren so wunderherrlich und funkelten so recht in allen Farben der Berge, daß einem die Augen übergingen, wenn man sie betrachtete.

Der Zwerg Casimir bat die Zwergziege Mathilde, im Schloßhof zu warten, und sagte, diesmal würde er die Prinzessin Sismonda aber bestimmt mitbringen, und die Zwergziege Mathilde erwiderte:

Mottensterz
Kaltes Herz
Schöne Spange
Hält nicht lange

Der Zwerghund Willibald aber drehte sich im Kreise, bis er sich in den Schwanz biß, und sagte wuff, denn er hielt gar nichts von höheren Gefühlen.

Oben im Schloßsaal saßen die Großwesire Fitzli und Putzli und spielten immer noch um die Hand der Prinzessin; aber da es mit den Karten zu nichts geführt hatte und auch mit dem Würfeln zu keiner Entscheidung gekommen war, spielten sie Tricktrack; doch wenn der eine einen falschen Trick anwandte, wandte der andere einen falschen Track an, und so gewann keiner.

Der abgesetzte König Mondamin ging immer noch auf Strümpfen einher, und die Prinzessin Sismonda langweilte sich.

Der Zwerg Casimir stellte sich auf den Teppich, wo die

zwei roten Rosen sich küßten, und sagte: »Hochverehrtes, allerschönstes und zierlichstes Fräulein!«
Die Prinzessin hatte ihn bereits bemerkt und sagte: »Du siehst ja nicht gerade aus, wie man aussehen sollte, wenn man vor eine Prinzessin tritt, mein lieber Casimir! Deine scharfgespitzten Schuhe müßten zum Schuhmacher, und du bist noch älter und grauer geworden, als du letztesmal warst. Ich hoffe jedoch, daß du die Armspangen gebracht hast.«
Ja, aber auch an der Prinzessin Sismonda waren diese sieben Jahre nicht spurlos vorbeigegangen; ihre Nase hatte sich noch beträchtlich schärfer zugespitzt, und an den Augen hatte sie Runzeln, und das Fleisch ihrer zierlichen Arme war schon ein wenig verwelkt. Dem Zwerg Casimir jedoch erschien sie immer noch so, wie er sie gesehen hatte, als er das erstemal vor sie hintrat, denn er liebte sie, und außerdem stand er unten auf dem Teppich, und von da war es eine ziemliche Entfernung bis hinauf zu der spitzen Nase der Prinzessin und ihren Runzeln und ihren welken Armen. So nahm er denn die beiden Spangen aus dem braunen Säcklein und gab sie der Prinzessin in die Hand und sagte: »Tut sie um Eure zierlichen, weißen, süßen Arme, Prinzessin Sismonda, und schenkt mir dafür Euer Herz.«
Die Prinzessin tat die linke Spange um ihren linken Arm und die rechte Spange um ihren rechten Arm und trat vor den Spiegel und sagte: »Die Spangen sind wahrhaft köstlich, ich habe nie so prächtige gesehen, und sie verdecken genau die welken Stellen an meinen Armen, welche mir schon solche Sorgen gemacht haben. Wenn ich jetzt noch das Mieder bekäme, ich wäre die glücklichste Prinzessin der Welt und könnte mir aussuchen, ob ich den Großwesir

Fitzli oder den Großwesir Putzli heiraten will oder gar keinen.«
Der Zwerg Casimir stand stumm auf dem Teppich, wo die zwei roten Rosen sich küßten, und wartete und hoffte. Die Prinzessin aber sagte zu ihm: »Mein lieber Casimir, du hast mehr als mein Herz verdient. Das Krönlein, das du mir gegeben hast, war zauberhaft, und das Halsband war wunderherrlich, und die Spangen für meinen linken Arm und für meinen rechten Arm sind geradezu einzigartig. Aber du wirst zugestehen, daß ich auch eine zauberhafte und wunderherrliche und einzigartige Prinzessin bin und daß ich nun noch ein Mieder haben sollte, welches zu meinem Krönlein und meinem Halsband und meinen Spangen paßt. Oder glaubst du etwa nicht?«
»Doch«, sagte der Zwerg Casimir, »das glaube ich schon.«
»Außerdem«, fuhr die Prinzessin fort, »sind auch der Großwesir Fitzli ebenso wie der Großwesir Putzli in diesen sieben Jahren nicht faul gewesen und haben ein jeder weitere große Schätze erworben, welche sie mir geben werden, sobald feststeht, wer das Tricktrackspiel gewonnen hat.«
»Aber für ein solches Mieder«, sagte der Zwerg Casimir, »das zu dem Krönlein und dem Halsband und den Armspangen paßt und das sich anschmiegt an die allerschönste und zierlichste Gestalt der Prinzessin Sismonda, würde man noch einmal sieben Jahre brauchen!«
»Vielleicht kannst du dich etwas sputen«, tröstete die Prinzessin, »und schaffst es in sechs Jahren elf Monaten drei Wochen sechs Tagen dreiundzwanzig Stunden.«
»Ich werde es versuchen«, sagte der Zwerg Casimir.
Da kam der abgesetzte König Mondamin auf seinen Strümpfen einher und fragte: »Mit wem sprecht Ihr da,

Töchterlein, und von wem habt Ihr die kostbaren Armspangen, welche die welken Stellen an Euren Armen verdecken?«
Und die Prinzessin antwortete: »Sagt lieber nichts, Herr Vater Mondamin, denn wer schweigt, dem kann man auch nichts am Zeuge flicken.« Und zu dem Zwerg Casimir sagte sie: »Ich dachte, du wolltest dich sputen! Auf Wiedersehen in sieben Jahren!«
Ach, diese sieben Jahre waren die härtesten für den Zwerg Casimir. Er summte und sang nicht mehr, und er tirilierte und jubilierte nicht mehr, drei Jahre lang kletterte er mit seinem Hämmerlein durch das Geklüft ganz oben auf den sieben Bergen und sammelte die schönsten Steine, und sein feines weichledernes Wams zerriß ihm und zerschliß ihm, und drei Jahre lang saß er und schnitt die Steine und schliff sie und polierte sie, und seine enganliegende gestreifte Hose zerriß ihm und zerschliß ihm, und dann brauchte er noch elf Monate drei Wochen sechs Tage und dreiundzwanzig Stunden zum Nähen und Steppen des Mieders. Dann aber war es fertig, und es war so weich und geschmeidig, und die Steine daran funkelten so rot und grün und blau und golden und überhaupt in allen Farben, daß einem die Augen übergingen und man meinen konnte, der Zwerg Casimir habe ein Stück Sonne eingefangen für seine geliebte Prinzessin Sismonda.
Der Zwerg Casimir aber bestieg die Zwergziege Mathilde und nahm den Zwerghund Willibald an die Leine und holterdipolter ging es den Berg hinab, daß der Staub flog und eine Bergschnecke, die gerade vorbeikam, rasch die Hörner einziehen mußte, sonst hätte es sicher einen Unfall gegeben. Und dann ritt er ein in das Schloß Rondomondo durch

das kleine Loch im Tor, wo sonst die Katzen ein und aus gehen, und auf dem Schloßhof ließ er die Zwergziege Mathilde stehen mit dem Zwerghund Willibald an der Leine und sagte: »Diesmal bringe ich die Prinzessin Sismonda aber ganz bestimmt mit, ihr werdet es sehen.«
Da sagte die Zwergziege Mathilde:

Dreimal dumm
Macht nicht gescheit
Kehre um
Wechsel das Kleid

Der Zwerghund Willibald aber drehte sich im Kreise, bis er sich in den Schwanz biß, und sagte blaff, während er doch sonst immer wuff sagte, doch der Zwerg Casimir hatte keine Zeit, darüber nachzudenken, denn nun schlug es dreizehn vom Schloßturm, und da waren die letzten sieben Jahre um und er mußte hinauf in den Schloßsaal.
Der Großwesir Fitzli und der Großwesir Putzli aber saßen nicht mehr und spielten nicht mehr um die Hand der Prinzessin, denn mit dem Kartenspielen hatte es zu nichts geführt und mit dem Würfeln und mit dem Tricktrack auch nicht. Sie standen vielmehr einander gegenüber, und jeder hatte einen großen Spieß in der Hand, und gerade als der Zwerg Casimir auf den Teppich trat, wo die zwei roten Rosen sich küßten, spießten sie einander auf und fielen um.
Als der König Mondamin das sah, hörte er auf, auf Strümpfen einherzugehen und zog sich seine Pantoffeln an, und es war auch höchste Zeit, denn seine Strümpfe waren ganz durchgelaufen. Die Prinzessin aber sagte: »Man sieht doch, daß die Welt sich ändert, und was gestern war, kommt heute nicht mehr. Ich möchte nur wissen, wo mein lieber Casimir bleibt, denn jetzt könnte ich ihn brauchen.«

Der Zwerg Casimir machte eine tiefe Verbeugung und rief: »Hochverehrtes, allerschönstes und zierlichstes Fräulein!«

»Ach, da bist du ja!« sagte die Prinzessin. »Es wäre zwar besser gewesen, wenn du die Blume Collinia Wollinia gefunden und dir den Bart sahnebonbonblond gefärbt hättest und wenn du die Fingernägel gesäubert und dir scharf gespitzte Schuhe und eng anliegende gestreifte Hosen und ein ledernes Wams angezogen hättest, aber wenn du mir das Mieder gebracht hast, das zu meinem Krönlein und meinen Halsband und meinen Armspangen paßt und das sich anschmiegt an meine allerschönste und zierlichste Gestalt, will ich dir mein Herz schenken, denn die Großwesire Fitzli und Putzli sind beide umgefallen und kommen nicht mehr in Frage.«

Da nahm der Zwerg Casimir das Mieder aus dem braunen Säcklein und hielt es der Prinzessin Sismonda hin. Und weil er so aufgeregt war, daß er nun doch noch sein Glück finden sollte, nach dreimal sieben Jahren, zitterte ihm die Hand und das Mieder fiel auf den Teppich, genau dort, wo die zwei roten Rosen sich küßten. Das Mieder aber war so wunderschön und funkelte und blitzte und leuchtete so herrlich, daß die Prinzessin vergaß, daß sie eine Prinzessin war, und sich gierig danach bückte.

Und da zersprang das Bild, das der Zwerg Casimir von der schönen Prinzessin in seinem Herzen trug, und er sah sie ganz dicht vor sich, wie sie wirklich war nach dreimal sieben Jahren, und er sagte: »Ach, Prinzessin Sismonda – hättest du dich begnügt mit dem Krönlein, das ich dir schenkte, wie schön wärest du gewesen! Aber du wolltest das Halsband, das hat mich meinen sahnebonbonblonden Bart gekostet, dich aber sieben Jahre. Hättest du dich mit dem Halsband begnügt, wie liebenswert wärest du gewesen! Aber du wolltest die Armspangen, das hat mich meine Fingernägel und meine scharf gespitzten Schuhe gekostet, dich aber weitere sieben Jahre. Hättest du dich mit den Armspangen begnügt, wie weise wärest du gewesen! Aber du wolltest auch das Mieder; das hat mich meine enganliegenden gestreiften Hosen und mein weichledernes Wams gekostet, dich aber noch einmal sieben Jahre. Jetzt hast du eine ganz spitze Nase und Runzeln an den Augen und fleckige Hände und welke Arme, und das Mieder schlottert an dir wie die Fahne am Mast, wenn kein Wind weht.«

In diesem Augenblick kam der abgesetzte König Mondamin in seinen Pantoffeln einher und sagte: »Wer piepst denn so auf unserem Teppich, wo die roten Rosen sich küssen, und woher habt Ihr das Mieder, Töchterlein, das an Euch schlottert wie die Fahne am Mast, wenn kein Wind weht?«

»Ach«, sagte die Prinzessin Sismonda, »da piepst eine Maus, und das Mieder ist ein alter Fetzen, der nichts wert ist. Also sagt lieber nichts, Herr Vater Mondamin, denn wer nichts sagt, dem stopft man auch nicht das Maul.«

Da nahm der König einen von seinen Pantoffeln und warf ihn dahin, wo die Maus gepiepst hatte. Aber er traf den Zwerg Casimir nicht, denn der war längst fort und ritt auf der Zwergziege Mathilde durch das Loch im Tor, wo sonst die Katzen ein und aus gingen, hinaus aus dem Schloß Rondomondo und durch Obermondanien und Untermondanien und immer weiter, und der Zwerghund Willibald an der Leine lief hinterher.

Da kamen sie in unseren Garten, und die Friederike schneiderte dem Zwerg Casimir eine rote Kapuze und ein blaues Röcklein, und der Peter gab ihm einen Fliegenpilz zum Draufsitzen, und die Zwergziege Mathilde steht neben ihm, und der Zwerghund Willibald ist an der Leine. Ihr könnt sie selber sehen, alle drei, und wenn ihr lange genug wartet, dreht sich der Zwerghund Willibald im Kreise, bis er sich in den Schwanz beißt, und sagt wuff.

# *Korax Korax*

Genau in der Mitte des großen runden Teichs wuchs eine Wasserlilie, und genau in der Mitte ihres großen runden Blattes saß ein Frosch, der hieß mit Vornamen Korax und mit Nachnamen Korax, also Korax Korax. Korax Korax hatte einen dunklen Rücken und einen hellen Bauch, so daß man meinen könnte, er trüge eine weiße Weste wie unser Herr Bürgermeister bei feierlichen Gelegenheiten oder zu Neujahr. Zu beiden Seiten, rechts und links seiner großen runden Augen, hatte der Frosch Korax Korax je einen runden goldenen Fleck, wie ihn nur ganz verdiente Frösche, die stets das Richtige gequakt haben, erhalten. Unsereiner trägt seine Orden und Ehrenzeichen auf der Brust oder am Band um den Hals, die Frösche jedoch hinter den Augen; darin unterscheiden sich die Menschen von den Fröschen, denn es muß ja auch Unterschiede geben.

Der Frosch Korax Korax saß also auf seinem Blatt und blickte in die Runde. Was für ein Tag war das! Die Sonne schien, und auf dem Wasser glitzerte es, und über dem Wasser schwirrten die Libellen und summten die Fliegen und surrten die Mücken, und wenn der Frosch Korax Korax nicht so satt und fett und träge gewesen wäre, er hätte nur einen Sprung zu machen brauchen, und schwapp wäre ihm der saftigste Braten ins Maul geflogen. So aber blickte er um sich in der Runde und sagte: »Ach, wie ist die Welt wunderbar und zufriedenstellend eingerichtet! So weit das Auge

reicht ein einziger Froschteich, und in der Mitte dieses Froschteichs mein großes rundes Blatt, und in der Mitte dieses Blattes ich – wahrlich, ich bin der Mittelpunkt der Welt, und ich irre wohl nicht, wenn ich annehme, daß die Welt für mich erschaffen wurde.«

Damit richtete er sich auf und holte tief Luft, daß es aussah, als wollte seine weiße Weste platzen, und er rief:

Quick Quack
Quaddel Paddel
Krook Kraaak
Quorax Korax –

was soviel heißen will wie: »Alle mal herhören! Ich, Korax Korax, bin das wichtigste und mächtigste und prächtigste Wesen der Welt, und wer's bezweifelt, wird bestraft.«

Da kam die Haubenlerche angeflogen und hielt direkt über dem großen Blatt des Korax Korax an und flatterte mit den Flügeln und sagte: »Ich höre, du bist der Wichtigste und Mächtigste und Prächtigste. Stimmt das?«

»Ja, natürlich«, sagte der Frosch Korax Korax. »Siehst du nicht, daß ich der Mittelpunkt der Welt bin, um mich lauter schönes, schlammiges Wasser bis dorthin, wo's nicht weitergeht? Im Augenblick denke ich sogar daran, eine Weltgeschichte schreiben zu lassen, die alles umfaßt, vom Beginn der Schöpfung bis zu mir.«

Da flog die Haubenlerche in die Höhe, ganz hoch, der Sonne zu, bis sie nur noch ein Pünktchen war am Himmel, und sie trillerte und trällerte noch schöner und reiner als das Fräulein, welches bei uns am Stadttheater singt. Und dann kam sie zurück und flatterte wieder über dem großen Blatt und sagte zu dem Frosch Korax Korax: »Aber mir scheint, es gibt noch etwas jenseits des Teichs. Ich habe Felder gesehen und

Bäume und einen Fluß, und Häuser und einen Kirchturm. Ich habe es deutlich gesehen.«

Der Frosch Korax Korax runzelte die Stirn, so daß seine beiden goldenen Flecke noch größer und runder erschienen als gewöhnlich, und erwiderte: »Wenn es deine Felder und Wiesen und Bäume und den Fluß und die Häuser und den Kirchturm und das alles gäbe, dann wäre ich ja nicht der Mittelpunkt der Welt. Da ich aber der Mittelpunkt der Welt und überhaupt der Wichtigste und Mächtigste und Prächtigste bin, hast du dich offensichtlich geirrt. Einfach so hinauffliegen, bis einer nur noch ein Pünktchen ist, und trillern und trällern ist eben eine unwissenschaftliche Methode.«

Da war die Haubenlerche ganz zerknirscht und war noch froh, daß ihr gestattet wurde, ein paar Mücken zu haschen. Der Frosch Korax Korax aber richtete sich noch höher auf und holte noch tiefer Atem, daß man wirklich dachte, jetzt platzt die Weste aber, und rief:

Quoak Kroak
Quakel Kakel
Truut Traat
Thorax Korax –

was soviel heißen will wie: »Alle mal herhören! Ich, Korax Korax, bin das weiseste Wesen der Welt und verstehe alles, und wer's bezweifelt, wird bestraft.«

Nun kam die Watschelente angeschwommen mit ihren sechs Entlein und hielt direkt vor dem großen Blatt des Korax Korax an und schnatterte mit dem Schnabel und sagte: »Ich höre, du bist das weiseste Wesen der Welt und verstehst alles. Stimmt das?«

»Ja, natürlich«, sagte der Frosch Korax Korax. »Glaubst du, daß ich der Mittelpunkt der Welt wäre, um mich der ganze

enorme Froschteich mit all seinen Fliegen und Mücken und Libellen, den Algen und Schlingpflanzen und Fischlein, wenn ich nicht in weiser Voraussicht alles so eingerichtet hätte? Sogar die Haubenlerche hat selbstkritisch erklären müssen, daß dem so ist. Im Augenblick ziehe ich in Betracht, auch euch Vögeln das Quaken beibringen zu lassen, damit wir eine einheitliche Sprachregelung haben. Mit deinen Entlein könnte man beginnen.«

Da schwamm die Watschelente mit ihren sechs Entlein bis zum Rand des großen runden Teichs, und als es nicht weiterging, watschelte sie bedächtig aufs Land hinauf und ihre sechs Entlein in einer Reihe hinter ihr her, daß man meinen mochte, es wäre unsere Frau Schneidereit vom Kindergarten um die Ecke, die Kinder über den Fahrdamm führt. Nach einer Weile jedoch kam die Watschelente mit ihren sechs Entlein zurückgeschwommen, hielt wieder vor dem großen Blatt an und sagte zu dem Frosch Korax Korax: »Aber mir scheint, daß die Welt doch nicht zu Ende ist am Ende des Teichs. Ich bin selber hinaufgewatschelt aufs Land und meine sechs Entlein in einer Reihe hinter mir her, und wir haben mit eigenen Füßen gespürt, daß da Erdkrumen sind und Steinchen und Gräser und allerhand Kräuter und Gebüsch, und wir haben mit eigenen Schnäbeln probiert, wie das Entenkraut schmeckt.« Und das Entlein, das zuerst aus dem Ei gekrochen war, sagte: »Es schmeckt!« Und das Entlein, das als nächstes ausgekrochen war, sagte: »Es schmeckt!« Und dann sagten die andern Entlein, alle schön der Reihe nach: »Es schmeckt!« Und es war ein solches Geschnatter, daß der Frosch Korax Korax sein eigenes Wort nicht verstehen konnte.

Der Frosch Korax Korax schüttelte den Kopf, daß die goldenen Flecke neben seinen Augen nur so blitzten, und erwiderte: »Leider beweist das alles nur, daß ein Entengehirn ein Entengehirn ist und keinen Raum hat für höhere Dinge wie Philosophie und Logik. Seht ihr den großen runden Froschteich, in dem ihr schwimmt?«

»Ja«, sagte die Watschelente, und alle ihre sechs Entlein sagten »Ja«, daß es eine Freude war.

»Seht ihr das große runde Blatt genau in der Mitte des Teichs?« fragte der Frosch Korax Korax weiter.

»Ja«, antwortete die Watschelente, und ihre sechs Entlein sagten gleichfalls »Ja«, denn der Wahrheit muß man immer die Ehre geben.

»Und seht ihr«, fragte der Frosch Korax Korax schließlich, »daß ich genau in der Mitte des großen runden Blattes sitze, das sich genau in der Mitte des großen runden Teichs befindet?«

»Ja«, gab die Watschelente zu, und die sechs Entlein sagten auch »Ja«, denn sie sahen es tatsächlich.

»Also«, erklärte der Frosch Korax Korax, »wenn dem so ist, dann habt ihr euch offensichtlich geirrt, und all eure Erdkrumen und Steinchen und Gräser und das Gebüsch und das Entenkraut gibt es nur in eurem Entengehirn. Einfach so aufs Land gehen und mit den Füßen spüren und mit dem Schnabel probieren ist eben eine unwissenschaftliche Methode.«

»Aber wenn wir doch richtiges Entenkraut gefressen haben!« sagte das jüngste Entlein. Es sprach jedoch ganz leise und schüchtern, und die alte Watschelente sagte sofort: »Willst du wohl den Schnabel halten! Der Frosch Korax Korax hat recht, man muß konsequent sein, und je eher du das in deinen kleinen Entenkopf kriegst, desto besser.«

Da war das jüngste Entlein ganz zerknirscht und war noch froh, daß es ein paar Wasserflöhe haschen durfte. Der Frosch Korax Korax aber richtete sich so hoch auf, daß er beinahe aus dem Gleichgewicht kam, und pumpte sich die Brust so voll mit Luft, daß seine weiße Weste sicherlich geplatzt wäre, wäre sie nicht aus Froschhaut gewesen, die nicht platzen konnte, und er rief:

Quäcks Kräcks
Treekel Ekel
Plaag Ploog
Rorax Korax –

was soviel heißen will wie: »Alle mal herhören! Ich, Korax Korax, bin der Herr über alles, und alle sind mir untertan, und wer's bezweifelt, wird bestraft.«

Da kam ein Fröschlein vorbeigehüpft, das war noch sehr jung und mager und trug ein hellgrünes Röcklein und hatte nicht einmal einen Namen, geschweige denn zwei, und von goldenen Flecken neben den Augen konnte gar nicht die Rede sein.

»He, du!« rief der Frosch Korax Korax. »Wohin des Wegs so eilig? Wer bist du überhaupt? Warum bleibst du nicht stehen und nimmst gefälligst den Hut ab, wie sich's gehört? Weißt du nicht, daß du dich im Mittelpunkt der Welt befindest, und daß ich der Wichtigste und Mächtigste und Prächtigste und das weiseste Wesen und überhaupt der Herr über alles bin?«

»Entschuldige, großer Korax Korax«, sagte das Fröschlein. »Wie du siehst, bin ich noch ganz hellgrün, und einen Namen habe ich auch nicht. Und da ich aus einer kinderreichen Familie komme, wir waren dreihundertdreiunddreißig kleine Frösche zu Hause, sind meine Eltern wohl nicht dazugekommen, mir beizubringen, daß die Welt einen Mittelpunkt hat.«

»Jetzt weißt du's jedenfalls«, antwortete der Frosch Korax Korax. »Daß mir das nicht noch mal vorkommt, diese Respektlosigkeit. Aber du scheinst mir ein ganz lebendiges Fröschlein zu sein, fix und behende. Ich werde dich zu meinem persönlichen Referenten machen, und du kannst mir die Mücken und Fliegen haschen und gelegentlich eine Libelle, und dann wirst du eine Weltgeschichte schreiben, die alles umfaßt, vom Beginn der Schöpfung bis zu mir, und du wirst den Vögeln das Quaken beibringen, damit wir eine einheitliche Sprachregelung haben.«

Das Fröschlein schwieg und schien sich's zu überlegen.

»Und wenn du hübsch gelehrig bist und brav machst, was dir gesagt wird, und immer nur quakst, was ich dir vorquake, dann steht dir die gesamte Froschlaufbahn offen, und wer weiß, eines Tages wirst du vielleicht auf meinem Blatt sitzen und der Mittelpunkt der Welt sein.«

Plötzlich kam der Peter und watete quer durch den Teich, direkt auf das große runde Blatt zu, in dessen Mitte der Frosch Korax Korax saß. Das Fröschlein, das keinen Namen hatte, hüpfte plitsch, platsch davon, und die Watschelente mit ihren sechs Entlein schwamm plitsch, platsch ins Schilf, und die Haubenlerche stieg hoch in die Luft, ganz hoch, bis sie nur noch ein Pünktchen war am Himmel.

Der Frosch Korax Korax aber richtete sich zu voller Größe auf und holte tief Luft und rief:

Quorax Rorax
Thorax Korax –

was soviel heißen sollte wie: »Ich, Korax Korax, bin der Mittelpunkt der Welt –«

Weiter kam er nicht, denn schwupps hatte der Peter ihn gegriffen und in den Sack gesteckt, und nur das große runde Blatt, auf dem der Frosch Korax Korax gesessen hatte, schaukelte noch ein wenig.
Der Peter aber brachte ihn nach Hause und steckte ihn in eins von Mutters runden Einweckgläsern, mit etwas Moos und Wasser am Boden, und da sitzt der Frosch Korax Korax nun, genau in der Mitte seht ihr ihn, mit dem dunklen Rükken und der weißen Brust und den zwei goldenen Flecken rechts und links neben den Augen – immer noch der Mittelpunkt der Welt: Doch wie klein ist seine Welt jetzt, nicht größer als ein Einweckglas!

## *Der alte Pelzmantel*

Da hing der alte Pelzmantel unter allerlei Gerümpel im Laden und sah ganz zerrissen und zerschlissen aus. Dabei war er einst so prächtig gewesen und hatte so herrlich gewärmt und hatte einen richtigen Otterkragen gehabt. Jetzt aber hatte er nur noch einen einzigen Knopf, der war aus echtem Hirschhorn, und auch der hing am letzten Faden.
Und nun kam der Trödler, dem der Laden gehörte, und besah sich den alten Pelzmantel. »Mehr Löcher als Stoff, mehr Risse als Haare«, sagte der Trödler, »dich kauft doch keiner. Aber Platz nimmst du weg, und Platz ist Geld, das hat schon mein Vater gesagt, und der kannte sich aus im Geschäft.«
Bevor er sich's versah, lag der alte Pelzmantel draußen auf der Mülltonne, und da ihm die meisten Haare ausgegangen waren, fror er in der Kälte, nachdem er so lange im Trocknen gehangen hatte.
»Jetzt hast du's«, sagte der Hirschhornknopf. »Hochmut kommt vor dem Fall. Und das Schlimmste ist, mich hast du mit ins Unglück gerissen, denn du und ich, wir hängen zusammen.«
»Du tust, als ob du die Weisheit mit Löffeln gefressen hättest«, sagte der Pelzmantel. »Dabei bist du nur ein Knopf.«
»Aber ein Hirschhornknopf!« sagte der Hirschhornkopf. »Einen echten Hirschhornknopf kann man immer brauchen. Doch du bist überhaupt nichts mehr wert. Und bei

Lichte besehen warst du auch früher kein solches Prachtstück.«
»Ach«, sagte der Pelzmantel, »du warst schon immer ein mißgünstiger Knopf. Warst du nicht selbst dabei, als der große Dichter mich kaufte, im feinsten Pelzgeschäft, mit dem Geld, das er für sein Theaterstück bekam, und als ich zum Hofball fuhr beim Großherzog, neben mir in der Karosse die schöne Tänzerin Pimpinella, die sich auf der Fußspitze drehen konnte, bis es allen Leuten schwindlig wurde beim Zusehen! Willst du vielleicht behaupten, all das ist nicht gewesen?«
»Schnipp, schnapp, papperlapapp«, sagte der Hirschhornknopf. »Und wo bist du jetzt? Auf der Mülltonne.«
»Und dann nahm der große Dichter die schöne Tänzerin Pimpinella an sein Herz und legte mich um sie, und die schöne Pimpinella sagte, ach, wie bist du warm und gut, und der große Dichter dachte, er wäre gemeint, aber in Wahrheit meinte sie mich, denn ich war es, der an ihrer weichen Haut lag, die nach Rosen duftete und nach Frühling.«
»Flimm, flemm, flammerie«, sagte der Hirschhornknopf. »Ich möchte nicht wissen, wonach du jetzt duftest. Aber einen echten Hirschhornknopf kann man immer brauchen.«
Der alte Pelzmantel flappte mit den Ärmeln, denn er fror sehr, und er brauchte ein bißchen Bewegung. »Es ist noch nicht aller Tage Abend«, sagte er, »und wahre Größe ist unvergänglich.«
»Das hat schon mancher behauptet«, erwiderte der Hirschhornknopf, »der auch auf der Mülltonne saß.«
»Ich werde es dir beweisen«, sagte der Pelzmantel. »Ich werde meinen Herzensfreund, den großen Dichter, aufsu-

chen, und du kommst mit, denn du hängst an mir, wenn auch nur am letzten Faden.«
»Und du meinst, dann wird alles gut sein?« fragte der Hirschhornknopf höhnisch. »So was passiert nur in Märchen, und Märchen passieren nicht mehr.«
Da flappte der alte Pelzmantel stärker mit den Ärmeln und kam tatsächlich in Bewegung. Seine ersten Schritte waren noch recht tapperig, denn es war lange her, seit er das letztemal auf der Straße gewesen war, und er schlenkerte hin und her im Wind, der ihm durch die Löcher blies. Aber wenn sich einer etwas richtig vornimmt und seinen ganzen Willen daran setzt, dann kommt er wohl vorwärts, auch wenn er schon alt und zerschlissen ist.

Nun waren sie bereits eine Weile durch die Gassen der Stadt gelaufen an diesem kalten Abend, wo die Leute lieber im warmen Zimmer saßen und Glühwein tranken und Tiddeliwinks spielten. Der Schutzmann Säbelbein an der Ecke hatte den alten Pelzmantel vorbeikommen sehen und war ganz erschrocken, denn so etwas war ihm noch nicht vorgekommen, obwohl er schon viele Leute ohne Kopf gesehen hatte. Schwipp schwapp, Kopf ab, aber einen zerrissenen, durchlöcherten Pelzmantel, der ganz ohne was drin vorbeiläuft? Und der Gepäckträger Huckepack hatte den Mantel gesehen auf dem Weg vom Bahnhof, aber der war nicht erschrocken, denn er hatte eine rote Nase von dem vielen Glühwein, den er trank, und er erblickte alle Tage grüne Nixen und rosa Elefanten und lauter merkwürdige Dinge.
»Wo willst du nun deinen Herzensfreund, den großen Dichter, finden?« fragte der Hirschhornknopf.
»Man muß das Haus finden, wo er gewohnt hat«, sagte der

alte Pelzmantel. »Es war ein großes Haus mit einem geflügelten Pferd aus Stein über dem Tor und mit blankgeputzten Fenstern, mehr ein Palast als ein Haus, eben ein Haus, wo ein Pelzmantel mit einem richtigen Otterkragen so wie ich hineinpaßte.«

»Otterkragen!« sagte der Hirschhornknopf. »Den Otterkragen hat der Kutscher Friedrich abgetrennt und für Schnaps verkauft, das vergißt du wohl?«

»Ich vergesse gar nichts«, sagte der alte Pelzmantel. »Ich weiß sogar die Adresse. Das Haus ist in der Großherzog-Leopold-Gasse, wo alle vornehmen Leute wohnen.«

Da waren sie in der Großherzog-Leopold-Gasse. Aber das Haus lag ganz finster und verlassen da, und die Fenster, die früher so blankgeputzt gewesen, waren ganz blind von Staub und voller Spinnweben, und unter dem geflügelten Pferd aus Stein hing ein verwittertes Schild mit der Aufschrift: *Zu vermieten.*

»Siehst du«, sagte der Hirschhornknopf, »und darum das Flappen mit den Ärmeln und die ganze Aufregung? Da hättest du auch auf der Mülltonne bleiben können, in deinem Zustand, statt mich hierherzuschleppen. Denn einen echten Hirschhornknopf kann man immer brauchen.«

Der arme alte Pelzmantel lehnte sich ganz müde in die Ecke vom Toreingang, wo der Wind nicht so blies. Er brauchte Zeit zum Verschnaufen, denn auch wenn einer schon viele Haare gelassen hat im Leben, eine Enttäuschung ist eine Enttäuschung. Dann sagte er: »Mein Herzensfreund, der große Dichter, wird umgezogen sein. Er wird die schöne Tänzerin Pimpinella geheiratet haben und lebt nun bei ihr, und jeden Morgen essen sie Honigkipferln, und jeden Abend küssen sie sich.«

»Schnick, schnack, Kartoffelsack«, sagte der Hirschhornknopf. »Und wie willst du die schöne Pimpinella finden?«
»Wir werden zum Herrn Stadtrat gehen«, sagte der alte Pelzmantel. »Der wird es wissen, denn der hat mich dem großen Dichter abgekauft, und er hat die schöne Pimpinella unter seine Fittiche genommen. Die Stadtbehörden haben seit je etwas für Kunst übrig.«
»Und wie willst du den Herrn Stadtrat finden?« fragte der Hirschhornknopf.
»Wir werden zum Kutscher Friedrich gehen«, sagte der alte Pelzmantel. »Der wird es wissen, denn der hat beim Herrn Stadtrat gedient, und darum hat der Herr Stadtrat mich ihm geschenkt. Die Kutscher oben auf dem Bock im Winde wissen einen guten Pelzmantel zu schätzen.«
»Und wie willst du den Kutscher Friedrich finden?« fragte der Hirschhornknopf.
»Wir werden zu dem Straßenhändler Florian gehen«, sagte der alte Pelzmantel. »Der wird es wissen, denn der kommt überall herum und hat mich dem Kutscher Friedrich gestohlen. Der Straßenhandel ist ohne warme Pelzmäntel gar nicht denkbar.«
»Und wo willst du den Straßenhändler Florian finden?« fragte der Hirschhornknopf.
»Auf dem Markt«, sagte der alte Pelzmantel, »wo sonst?«

Der alte Pelzmantel raffte sich auf und flappte mit den Ärmeln und kam bald in Bewegung, denn jetzt hatte er schon Übung, und der Hirschhornknopf, der am letzten Faden hing, immer mit. Der Leutnant Sausebraus sah den Mantel vorbeikommen und kratzte sich hinterm Ohr und dachte: Man trägt die Hosen jetzt ganz ohne Beine? Ich muß sofort mit meinem Schneider reden. Und das großherzogliche Hoffräulein Luise, das auf dem Wege war, sich mit dem Leutnant Sausebraus zu treffen, erblickte den Mantel ein wenig später und fiel vor Schreck um, denn am Hofe und bei der Regierung ist man doch empfindlicher als im gemeinen Volke, besonders wenn einer kommt, dem der Kopf fehlt *und* der Kragen.

Dann waren sie auf dem Markt. Und da stand der Straßenhändler Florian mit seinen Männekens, die nicht höher als dein Daumen waren und die er mit einem Schlüsselchen aufzog, daß sie herumliefen und im Takt mit dem Kopf nickten wie alle guten Bürger. Dazu rief er: »Männekens! Männekens! Wer kauft meine wunderbaren einzigartigen unbezahlbaren leibhaftigen selbsttätigen beweglichen Männekens! Für die Kinder, für die Damen! Männekens mit und ohne Namen!« Aber das Geschäft war schlecht, denn in der Kälte kam niemand auf den Markt, und der Straßenhändler Florian fror wie ein Spatz und war denkbar schlechter Laune.

»Erkennst du mich nicht wieder?« fragte der alte Pelzmantel. »Wo ich dir doch treu gedient habe all die Jahre, bis du mich dem Trödler verpfändet hast für zehn Groschen?«

»Männekens! Männekens!« rief der Straßenhändler Florian. »Wenn du kein Männeken kaufen willst, troll dich. Du verjagst mir noch die Kundschaft, zerschlissen und zerrissen wie du bist!«

»Er erkennt dich nicht«, sagte der Hirschhornknopf zu dem alten Pelzmantel. »Ich habe es dir gleich gesagt, du hättest auch auf der Mülltonne bleiben können, in deinem Zustand.«

»Ach, Straßenhändler Florian!« sagte der alte Pelzmantel.

»Dabei war ich doch ein stattlicher Pelzmantel, als wir uns das erstemal sahen, auch wenn der Otterkragen schon weg war. Hätte ich dir nicht gefallen, so hättest du mich wohl nicht gestohlen.«

»Wer sagt hier, ich hätte gestohlen!« rief der Straßenhändler Florian. »Du willst mir wohl die Polizei auf den Hals bringen! Mach, daß du fortkommst, oder ich zerreiß dich gänzlich!«

»Ich will nur, daß du mir sagst, wo ich den Kutscher Friedrich finde«, sagte der alte Pelzmantel. »Im übrigen sehe ich jetzt, daß es keine Dankbarkeit gibt.«

»Ritsch, ratsch, Dankbarkeit«, sagte der Hirschhornknopf. »An so einem Pelzmantel muß ich hängen.«

»Nur ein Wort, Straßenhändler Florian«, sagte der alte Pelzmantel. »Nur die Adresse. Ich muß den Kutscher Friedrich finden, damit ich den Herrn Stadtrat finde, damit ich die schöne Pimpinella finde, damit ich meinen Herzensfreund, den großen Dichter, finde. Es ist wichtig.«

»Männekens! Männekens!« rief der Straßenhändler Florian. »Wer kauft meine Männekens!«

»Und ich habe dich gewärmt« sagte der alte Pelzmantel, »Tag und Nacht, solange ich konnte.«

»Also gut«, sagte der Straßenhändler Florian schließlich, »daß wir schon zu einem Ende kommen. Ich werde dir das Männeken Zottel mitgeben, das weiß den Weg.«

Damit nahm er sein Schlüsselchen und zog das Männeken Zottel auf und gab ihm einen Schubs in der richtigen Richtung. Das Männeken Zottel war jedoch das ärmste und schäbigste unter all den Männekens, es hatte nur ein heiles Bein, und auf dem andern hinkte es, aber es wußte den Weg zum Kutscher Friedrich, und das war die Hauptsache.

Der alte Pelzmantel flappte mit den Ärmeln, und fort ging's, dem Männeken Zottel nach, das auf seinem Hinkebein so rasch daherhüpfte, daß man sich richtig sputen mußte, und der Hirschhornknopf an seinem letzten Faden immer mit. Die Jungfer Zierdichnicht sah den Mantel vorbeieilen im Abendnebel und dachte: Herrjemine, die Männer werden auch immer kürzer, aber ein Mann ohne Kopf ist doch besser als gar keiner. Und der kleine Zigeunerjunge Bruno an der Ecke, der die Streichhölzchen verkauft, wollte schon rufen: Zündhölzer! Echte Schwefelzündhölzer! Aber dann hustete er nur, denn der Husten plagte ihn besonders an so feuchtkalten Abenden. Außerdem hatte der Pelzmantel keinen Kopf, und wer keinen Kopf hat, kann auch nicht Pfeife rauchen und braucht daher keine Zündhölzer.
Da waren sie beim Gasthaus »Zum Engel«, das einen großen goldenen Engel mit zwei weißen Flügeln über der Tür hängen hatte und vor dem die Droschke mit dem Pferd Liese stand. In dem Gasthaus »Zum Engel« aber stand der Kutscher Friedrich, und zwar stand er an der Theke und trank schon das dritte Glas Wacholder – das erste gegen die Kälte, das zweite gegen die Feuchtigkeit und das dritte zur Gesellschaft.
»Erkennst du mich nicht wieder?« fragte der alte Pelzmantel. »Wo du doch seinerzeit meinen Otterkragen abgetrennt und für Schnaps verkauft hast?«
»Immer man sachte, immer man sachte«, sagte der Kutscher Friedrich. »Siehst mir auch nicht aus, als ob du meine Droschke mieten könntest. Dann zahl mir wenigstens noch einen Wacholder.«
»Auch der erkennt dich nicht«, sagte der Hirschhornknopf zu dem alten Pelzmantel. »Das ganze Gelaufe und

Gefrage ist für die Katz, warum du's bloß nicht einsehen willst!«
»Ach, Kutscher Friedrich!« sagte der alte Pelzmantel. »Dabei war ich noch sehr gut erhalten und hatte fast alle meine Haare und den schönen dunkelbraunen Otterkragen, als der Herr Stadtrat mich nahm und dir schenkte.«
»Schenkte! Schenkte!« rief der Kutscher Friedrich. »Der? Abgezogen hat er mir's um Heller und Pfennig von meinem Lohne, und dann hat er mich an die Luft gesetzt. Zum Teufel mit deinem Herrn Stadtrat!«
»Ich will nur, daß du mir sagst, wo ich den Herrn Stadtrat finde«, sagte der alte Pelzmantel. »Im übrigen sehe ich jetzt, daß es keine wahre Großzügigkeit gibt.«
»Ritsch, ratsch, Großzügigkeit«, sagte der Hirschhornknopf. »An so einem Pelzmantel muß ich hängen.«
»Nur ein Wort, Kutscher Friedrich«, verlegte sich der alte Pelzmantel aufs Bitten. »Ich muß den Herrn Stadtrat finden, damit ich die schöne Pimpinella finde, damit ich meinen Herzensfreund, den großen Dichter, finde. Es hängt sehr viel davon ab.«
»Zahlst du mir einen Wacholder?« fragte der Kutscher Friedrich. »Einen einzigen kleinen Wacholder?«
»Schau mir doch in die Taschen«, sagte der alte Pelzmantel. »Greif ruhig hinein – alles Löcher. Hast doch selber die Löcher hineingestoßen in den Nächten auf dem Kutschbock, wenn du auf den Herrn Stadtrat warten mußtest und auf die schöne Pimpinella.«
»Also gut«, sagte der Kutscher Friedrich schließlich, »damit ich schon meinen Frieden habe. Ich werde dir das Pferd Liese mitgeben, das weiß den Weg.«
Damit steckte er zwei Finger in den Mund und pfiff dreimal

hoch und einmal tief. Da fing das Pferd Liese draußen an zu stampfen und war bereit, loszulaufen. Das Pferd Liese war jedoch das älteste und dürrste in der ganzen Stadt, es hatte nur ein Auge, und auf dem schielte es, aber es wußte den Weg zum Herrn Stadtrat, und das war die Hauptsache.
Das war schon ein besseres Fortkommen. Der alte Pelzmantel saß auf dem Polstersitz in der Droschke wie ein vornehmer Herr, und das Männeken Zottel war auf den Kutschbock gehüpft und hockte da oben wie ein Floh auf dem Kragen, und der Hirschhornknopf, der am letzten Faden hing, immer mit. Der Nachtwächter Pollepopp sah das Gefährt vorbeirattern ohne Kutscher und ohne Kopf und rief: »Gottseibeiuns! Das jüngste Gericht bricht aus!« Und blies in sein Horn, daß die Leute erschraken und dachten, es wäre ein Feuer irgendwo. Und der Herr Pfarrer Kleinschmidt sah es auch, als er vom Sterbebett eines reichen Geizsacks heimging, und dachte: Da kommt ja schon der Teufel, um die Seele zu holen. Und er bekreuzigte sich dreimal und machte kehrt und begab sich gleichfalls ins Gasthaus »Zum Engel«, denn nach so einem Erlebnis tut ein Wacholder auch einem geistlichen Herrn gut.
Da waren sie nun beim Haus des Herrn Stadtrats, das hell erleuchtet war, denn er hatte Gäste gehabt zu Tanz und Kartenspiel, und der Herr Stadtrat stand in der offenen Haustür und sagte zu einem nach dem anderen: »Tschüs, mein Herr, Adieu, meine Dame, ich hoffe, Euer Wohlgeboren haben sich gut amüsiert.«
Dabei schlüpfte der alte Pelzmantel, nachdem er dem Männeken Zottel und dem Pferd Liese gleichfalls »Tschüs, mein Herr, Adieu, meine Dame« gesagt hatte, an dem Herrn Stadtrat vorbei ins Haus und flappte mit den Ärmeln, damit

er die Treppen hinaufkam und hinein in den guten Salon mit der blauen Tapete und den Brokatsesseln.
Das schönste im Salon aber war ein großer venezianischer Spiegel, der in allen Farben glitzerte, und in dem Glas des Spiegels sah der alte Pelzmantel die schöne Pimpinella. Die schöne Pimpinella stand auf den Zehenspitzen und hatte die Lippen gespitzt, als ob sie ihrem Spiegelbild einen richtigen Kuß geben wollte, so schön und zart und lebendig war dieses Spiegelbild, und dem alten Pelzmantel wäre wohl das Herz stehengeblieben bei dem Anblick, wenn er nur ein Herz gehabt hätte statt eines Hirschhornknopfes.
»Erkennst du mich denn nicht wieder?« flüsterte er, denn beinahe hätte es ihm die Stimme ganz und gar verschlagen. »Erinnerst du dich nicht, wie der große Dichter dich an sein Herz nahm und mich um dich legte auf der Fahrt zum Ball beim Großherzog? Ich weiß noch genau, wie du geduftet hast – nach Rosen und nach Frühling. Ganz wie jetzt, ach, ganz wie jetzt.«
»Wo kommt denn dieser Fetzen her?« fragte der Herr Stadtrat, denn nun waren die Gäste fort, und er war wieder im Zimmer. »Wer hat denn den hiergelassen?«
»Du hast mich meinem Herzensfreund, dem großen Dichter, abgekauft«, sagte der Pelzmantel. »Erkennst du mich nicht?«
»Sie erkennen dich nicht«, sagte der Hirschhornknopf. »Beide. Ich habe es dir ja gleich gesagt. Wärst du lieber auf deiner Mülltonne geblieben, statt den guten Salon mit der blauen Tapete zu beschmutzen.«
»Ich habe etwas für dich«, sagte der Herr Stadtrat zu der schönen Pimpinella. »Was bekomme ich dafür, wenn ich dir's gebe?«

»Was ist es denn?« fragte die schöne Pimpinella und blickte ihrem Spiegelbild in die Augen.
Da trat der Herr Stadtrat an sie heran und legte ihr ein Perlenhalsband um den schlanken Hals. Die schöne Pimpinella neigte den Kopf elegant zur Seite und ließ die Perlen an ihrem Hals im Licht des Spiegels schillern und blinken.
»Nun?« sagte der Herr Stadtrat. »Was bekomme ich?«
»Mich«, sagte die schöne Pimpinella und küßte statt ihres Spiegelbilds den Herrn Stadtrat.
»Ach«, sagte der alte Pelzmantel und rief den Namen des großen Dichters.
Da erschrak die schöne Pimpinella, und der Herr Stadtrat drehte sich empört um. »Was willst du eigentlich?« fragte er den alten Pelzmantel. »Troll dich aus meinem Salon, oder ich werfe dich eigenhändig hinaus.«
»Schöne Pimpinella«, sagte der Pelzmantel. »Wo ist der große Dichter, dem wir beide gehörten? Vielleicht kann er wenigstens mich noch brauchen.«
»Der große Dichter!« rief der Herr Stadtrat. »Man höre! Er ist in Ungnade gefallen beim Großherzog und bei mir und bei der Regierung, welche die Größe der Dichter bestimmt und ob einer überhaupt ein Dichter sein darf. Der große Dichter sitzt in der Gosse, die schöne Pimpinella aber hat ein Perlenhalsband erhalten und gehört mir.«
»Nun sehe ich, daß es keine echte Größe und wahre Liebe gibt. Wäre ich nur auf meiner Mülltonne geblieben.«
»Ritsch, ratsch, echte Größe, wahre Liebe«, sagte der Hirschhornknopf. »An so einem Pelzmantel muß ich hängen.«
Da packte der Herr Stadtrat den alten Pelzmantel und trug ihn zum Fenster und warf ihn hinaus.

Unten auf dem Rinnstein an der Gosse saß der ehemalige große Dichter und blickte nach oben, von wo der alte Pelzmantel ihm um die Schultern gefallen war. »Das ist doch sonderbar«, sagte er. »Sicher ist es eine Art Botschaft von der schönen Pimpinella.«

»Erkennst du mich wirklich nicht wieder?« fragte der alte Pelzmantel.

Eine Träne fiel aus dem Auge des ehemaligen großen Dichters auf den Hirschhornknopf. »Wie sollte ich dich nicht wiedererkennen, alter Mantel!« sagte er. »Trägst du doch noch einen Hauch an dir von dem, was einst war – von Rosen und Frühling.«

»Plisch, plusch, plamm«, sagte der Hirschhornknopf, »wenn's wenigstens von Mottenpulver wäre!«

Da stand der ehemalige große Dichter auf, und nun sah man erst, wie dünn und fiebrig und krank er war. Er schlug den alten Pelzmantel um sich, und der alte Pelzmantel gab ihm die letzte Wärme, die er hatte, und zusammen gingen sie fort, immer weiter, immer weiter auf der Suche nach dem Land, wo es Dankbarkeit gab und Großzügigkeit und wahre Liebe und echte Größe und Hoffnung.

Der Hirschhornknopf aber blieb zurück, denn jetzt war der letzte Faden gerissen, und einen echten Hirschhornknopf kann man immer brauchen.

## *Das Cymbelinchen*

Das Cymbelinchen saß im Garten und spielte. Es spielte Hochzeit: ein großer langer Tannenzapfen war der Bräutigam, ein kleiner dicker war die Braut, und die gelben Löwenzähne waren die Brautjungfern. Ein brauner Käfer kam und blieb vor den beiden Tannenzapfen stehen: das war der Pastor, und er sagte: Wollt ihr? Und der große lange Tannenzapfen sagte ja, und der kleine dicke Tannenzapfen sagte ja. Dann waren sie Mann und Frau, und die Hochzeit war zu Ende.

Was nach der Hochzeit kam, wußte das Cymbelinchen nicht. Als seine Schwester, das Irmchen, geheiratet hatte und in einer grünen Kutsche abfuhr, hatte die Großmutter gesagt: Nun fängt der Ernst des Lebens an. Aber was war der Ernst des Lebens?

Auf einem Ast saß ein Vogel, der hatte einen roten Schwanz und wippte damit. »Was ist der Ernst des Lebens?« fragte ihn das Cymbelinchen. Der Vogel sang:

Auf dem Baume
hängt 'ne Pflaume
gleich wird se munter
gleich fällt se runter –

was der reine Unsinn war, denn es war gar kein Pflaumenbaum, und so konnte auch keine Pflaume herunterfallen.

Da kam das Pudelfräulein Lulu, schüttelte sich ausführlich und legte sich vor Cymbelinchen auf den Bauch. »Was ist

der Ernst des Lebens?« fragte das Cymbelinchen die Lulu. Das Pudelfräulein sagte:

Auf der Decke
sitzt 'ne Schnecke
gleich wird se munter
gleich kriecht se runter –

was ebenfalls der reine Unsinn war, denn so weit das Cymbelinchen blickte, es saß gar keine Schnecke auf der Decke, und so konnte auch keine herunterkriechen.
Schließlich ritt der Prinz herbei auf seinem Rappen, der eine goldene Decke unter dem Sattel trug. Das Pudelfräulein Lulu bellte, und der Prinz hielt den Rappen an und lächelte dem Cymbelinchen zu. Das Cymbelinchen fragte ihn: »Was ist der Ernst des Lebens?«
Der Prinz dachte nach, aber es wollte ihm kein passendes Gedicht einfallen. So sagte er: »Komm mit, Cymbelinchen. Wir werden es schon herausfinden.«
Dem Cymbelinchen war es recht. Zu Mittag sollte es zwar grüne Klöße geben, aber zu Mittag würden sie alle schon zurück sein – der Prinz und das Cymbelinchen hinter ihm und das Pudelfräulein Lulu und der rotgeschwänzte Vogel, der übrigens Heinrich hieß.

Der Rappe trabte klippetiklapp, das Pudelfräulein Lulu rannte, was das Zeug hielt, die Bäume an der Straße glitten nur so vorbei, und der Vogel Heinrich flog voran und war ganz aufgeregt, denn es kommt nicht jeden Tag vor, daß so ein hoher Herr wie der Prinz sich persönlich um etwas bemüht. Das Cymbelinchen aber hielt sich am Prinzen fest und dachte: So schnell bin ich noch nie vorwärts gekommen. Ob das schon zum Ernst des Lebens gehört?

Nach einer Weile drehte sich der Prinz zu Cymbelinchen um und sagte, vielleicht sollte man doch eine Rast einlegen. Sie wären schon sieben Wochen geritten und hätten sieben mal sieben mal sieben Meilen hinter sich gebracht, und auch das Pudelfräulein Lulu wäre bestimmt hungrig.
Das Cymbelinchen sagte erschrocken: Was ist mit den grünen Klößen zu Mittag? Zu Mittag hätten sie doch zurück sein wollen? Und nun wären es schon sieben Wochen!
Tja, sagte der Prinz, da ist guter Rat nun teuer, und er war ganz traurig, so daß am Ende das Cymbelinchen ihn trösten mußte und sagte, vielleicht würden sich die grünen Klöße doch so lange halten. Inzwischen packte der Prinz aus, was er mitgebracht hatte – ein Schinkenbrot und ein Stück Käsetorte mit Rosinen, weil das Cymbelinchen diese so gern aß, und für das Pudelfräulein Lulu ein Zipfelchen Wurst, und der Vogel Heinrich fraß mit dem Rappen aus demselben Sack.
Nach dem Essen wurde dem Cymbelinchen ganz schläfrig.
»Müde?« sagte der Prinz. »Du kannst dich hier hinlegen, und deinen Kopf lehnst du an meine Schulter, da ist es warm und bequem.«
»Ist das dann der Ernst des Lebens?« fragte das Cymbelinchen.
Nein, noch nicht, meinte der Prinz und begann ihr von seinem Schloß zu erzählen, das größer war als eine ganze Stadt und tausend Säle hatte, einen prächtiger als den anderen, und der prächtigste, ganz in Gold und Silber und mit der schönsten Aussicht, war reserviert für das Cymbelinchen.
Das Cymbelinchen aber bekam es mit der Angst zu tun, denn statt des wunderbaren Schlosses waren nur hohe dunkle Bäume ringsum, und hinter den Bäumen lagen

große weiße Berge. Die Sache mit dem Schloß hörte sich wohl recht gut an, aber die Großmutter hatte mehr als einmal vor Leuten gewarnt, die kleinen Mädchen große Versprechungen machten, und hatte gesagt: Cymbelinchen! Erst wäge, dann wage! Der Spatz in der Hand ist besser als die Taube auf dem Dach.

Gott sei Dank, daß das Pudelfräulein Lulu mit von der Partie war. Das war wenigstens jemand von zu Hause, und auch der Vogel Heinrich kannte sich aus.

Der Vogel Heinrich hatte von den Körnern des Rappen gefrühstückt und wippte nun mit dem roten Schwanz und sagte:

Hoch hinaus
geht selten gut aus –

was nicht gerade beruhigend klang.

Das Pudelfräulein Lulu hatte den Wurstzipfel verspeist und leckte sich die Lippen.

»Willst du mir nichts sagen, was mich beruhigen könnte?« fragte das Cymbelinchen.

Lulu blickte das Cymbelinchen aus blanken schwarzen Augen an und sagte:

Über Stock
über Stein
reißt der Rock
bricht das Bein –

und das machte dem Cymbelinchen das Herz noch schwerer. Schließlich schlief es aber doch ein und träumte.

In Cymbelinchens Traum war der Prinz gar nicht der Prinz, sondern der Peter, der es immer an den Zöpfen zog, wenn es nicht schnell genug davonlief, und der dazu rief:

Linchen, Linchen,
kesses Bienchen –

weshalb es den Peter auch nicht leiden mochte und oftmals wünschte, er möge hinfallen und sich ein Loch in den Kopf stoßen, aber kein zu großes, nur richtig weh sollte es tun. Dann war aber der Traum-Peter doch nicht der Prinz, sondern sie waren zwei verschiedene Personen, die sich heftig stritten, und zwar wegen des Cymbelinchens. Der Prinz wurde ganz rot im Gesicht und der Peter auch; ihre Augen blitzten, und sie gingen aufeinander los wie Kampfhähne. Der Prinz zog seinen Degen, und der Peter lud seine Schleuder, und bestimmt hätte es Mord und Totschlag gegeben, wenn das Cymbelinchen sich nicht zwischen sie geworfen und »Halt! Halt!« gerufen hätte.

Da gingen der Prinz und der Peter auseinander und immer weiter fort von Cymbelinchen, bis am Ende keiner mehr zu sehen war, nur noch der große lange Tannenzapfen und der kleine dicke, die plötzlich vor ihr standen und sagten: »Das ist der Ernst des Lebens. Die Klöße sind angebrannt.«

Wie nun das Cymbelinchen aufwachte, hatte der Prinz schon alles eingepackt, der Rappe stand gesattelt da und stampfte mit den Füßen. Der Vogel Heinrich zwitscherte:

Auf dem Rasen
sitzen zwei Hasen
gleich werden se munter
gleich hüpfen se runter –

aber das hatte gar nichts mit der Geschichte zu tun, denn weit und breit konnte das Cymbelinchen gar keinen Hasen sehen. Und das Pudelfräulein Lulu schwänzelte um das Cymbelinchen herum und bellte:

Auf der Säule
hockt 'ne Eule
gleich wird se munter
gleich fliegt se runter –

und das war erst recht Unsinn, wo doch nur Bäume dastanden und gar keine Säule. Der Prinz aber sagte: »Du hast ja ganz schrecklich geträumt, Cymbelinchen. Träumst du immer so heftig?«
»Immer wenn ich Schinkenbrot gegessen habe«, sagte das Cymbelinchen. »Das liegt in meiner Natur.«
»Ach so«, sagte der Prinz. »Dann wollen wir lieber weiterreisen. Halte dich nur gut fest an mir, denn jetzt geht es bergauf.«
Die Bäume wurden immer kleiner und die Steine immer größer, und der Rappe trabte klippetiklapp, das Pudelfräulein Lulu rannte, was das Zeug hielt, und der Vogel Heinrich flog voran, denn er war es gewohnt, hoch oben zu sein. Schließlich kamen sie dorthin, wo der ewige Schnee und das ewige Eis waren, und die Sonne schien so lustig auf die weiße Pracht, daß es aussah, als hätte ein Märchenriese lauter Perlen und Diamanten ausgestreut. Und dann waren sie auf dem Gipfel und blickten ins Land.
»Da ist mein Schloß«, sagte der Prinz.
Da lag es auch, unten im Tal auf der andern Seite der Berge, direkt an einem blauen, blauen See, und es sah ganz klitzeklein aus wie ein Spielzeugschloß, aber das kam daher, daß von hoch oben alles ganz anders aussieht, wie jeder weiß, der die Welt einmal von einem Kirchturm betrachtet hat.

Nein, der Prinz hatte nicht geflunkert, nicht das kleinste bißchen, und das Cymbelinchen erhielt den prächtigsten

Saal im Schloß, ganz in Gold und Silber, mit der prächtigsten Aussicht auf den blauen, blauen See, und es aß seinen Grießbrei mit einem goldenen Löffel von einem silbernen Teller, und auch das Pudelfräulein Lulu bekam sein Fressen in einem silbernen Napf, und der Vogel Heinrich sollte in einen goldenen Käfig, aber er sagte danke schön und blieb draußen vor dem Fenster auf einem grünen Zweig.

Außerdem erschien eine Hofdame, die dem Cymbelinchen beibrachte, wie man einen artigen Knicks macht und wie man »Jawohl, Euer Majestät« und »Danke schön, Euer Majestät« sagt, und eine Kammerzofe, die dem Cymbelinchen das Kleid auf- und zuknöpfte, und dann war da die Stallmagd Wittewitt, die jeden Morgen und Abend die warme Milch brachte von der Kuh Dora.

Am dritten Tag kam die Königinmutter. Sie trug ein schwarzes Kleid mit funkelnden Steinen und auf der Frisur eine Krone. »Du willst also den Prinzen haben?« sagte die Königinmutter und musterte das Cymbelinchen von oben nach unten und rundherum. »Daraus wird nichts, laß dir das gesagt sein, junges Fräulein.«

Das Cymbelinchen machte einen artigen Knicks und sagte »Jawohl, Euer Majestät und »Danke schön, Euer Majestät«, denn das hatte die Hofdame es gelehrt. Der Vogel Heinrich aber rief vom Fenster:

Hochmut
tut nicht gut –

und das Pudelfräulein Lulu fing an zu knurren:

Wille walle
Mausefalle
Alter Schuh
Klappe zu.

Da wurde die Königinmutter ganz böse und sagte zu Cymbelinchen: »Dann schicke ich dir eben den Hoffloh! Da wirst du schon sehen.«

Das Cymbelinchen aber sagte: »Jawohl, Euer Majestät« und »Danke schön, Euer Majestät« und machte einen artigen Knicks, denn das war das beste im Umgang mit Amtspersonen.

Am Abend, nachdem die Stallmagd Wittewitt die Milch gebracht hatte, kam auch der Hoffloh. Er sprang von der Türschwelle bis an die Decke, schlug einen Purzelbaum in der Luft und landete direkt vor dem Cymbelinchen. »Ich bin der Hoffloh«, sagte er und nahm den Hut ab. »Ich soll dich zwacken.«

»Ich will aber den Prinzen gar nicht«, sagte das Cymbelinchen. »Ich will nur, daß der Peter sich ein Loch in den Kopf schlägt, aber es soll ihm nicht zu sehr weh tun, nur etwas, als Strafe.«

»Das ist egal«, sagte der Hoffloh. »Auftrag ist Auftag«. Der Hoffloh trug einen Orden im Knopfloch und eine Schärpe über der Brust; das bedeutete, daß er von hohem Range war und den Titel Verdienter Floh des Hofes trug.

»Ist das dann der Ernst des Lebens?« fragte das Cymbelinchen.

»Das kann ich nicht sagen«, antwortete der Hoffloh und zuckte ganz fürchterlich mit den Hinterbeinen, denn er wollte immerzu springen. »Ich weiß nur, daß ich schon alle gezwackt habe, die Königinmutter und die Hofdame und die Kammerzofe und die Stallmagd Wittewitt und die Kuh Dora, und jetzt bist du an der Reihe.«

Dann hielt er es nicht mehr aus und sprang hoch, ganz hoch, bis an die goldene Decke des Saales, und schlug nicht nur

einen Purzelbaum in der Luft, sondern zweie, so daß das Cymbelinchen lachen mußte, und dann landete er, aber schief, und es gab einen Knacks.

»Das war mein Bein«, sagte der Hoffloh. »Nummer drei hinten rechts. Das Gelenk ist ausgekugelt.«

»Da müssen wir den Vogel Heinrich rufen«, sagte das Cymbelinchen. »Er ist schon fast überall gewesen, und er ist der klügste von uns.«

»Ich habe Angst vor Vögeln«, sagte der Hoffloh. »Sie fressen bekanntlich Insekten.«

»Du bist ein Hoffloh«, sagte die Hofdame. »Wie kannst du da gefressen werden? Das wäre Demokratie.«

»Demokratie hin, Demokratie her«, antwortete der Hoffloh. »Wir wollen es lieber nicht riskieren. Aber wenn das Cymbelinchen oben anpackte und die Hofdame unten, könnte man das Bein einrenken.«

»Und dann wirst du mich zwacken?« fragte das Cymbelinchen.

»Nein, das werde ich nicht. Eine Hand wäscht die andere.«

»Gut«, sagte das Cymbelinchen, »dann versuchen wir es also.« Und es packte das Bein Nummer drei hinten rechts am oberen Ende und sagte »Hoh-ruck!« Und die Hofdame packte das Bein Nummer drei hinten rechts am unteren Ende und sagte »Hoh-ruck!« Und dann gab es wieder einen Knacks, und der Hoffloh sagte »Dankeschön!« und sprang bis zur Decke, aber diesmal landete er vorsichtiger.

Das Cymbelinchen dachte schon, der Prinz hätte es vergessen. Aber da war er wieder da und sah sehr dünn und abgearbeitet aus und entschuldigte sich wegen dringlicher Geschäfte.

Der Vogel Heinrich sah von seinem grünen Zweig hinein in den goldnen und silbernen Saal und wippte mit dem Schwanz und tschilpte:

Den Drusch auf die Tenne
Das Netz in den Kahn
Das Ei legt die Henne
Den Mist legt der Hahn –

was dem Cymbelinchen irgendwie unhöflich erschien. Und das Pudelfräulein Lulu legte dem Prinzen die Pfoten aufs Knie und sah ihn von unten schief an und blaffte:

Hirschgeweih
Nudelrolle
Viel Geschrei
Wenig Wolle –

so daß das Cymbelinchen sich richtig ärgerte, denn so kann man mit einem Prinzen nun doch nicht reden. Lieber machte es einen artigen Knicks und sagte »Jawohl, Euer Majestät« und »Danke schön, Euer Majestät« und fragte, was denn das für dringliche Geschäfte gewesen wären, daß er so erschöpft aussah.

»Ach«, seufzte der Prinz, »um alles muß man sich kümmern. Daß die Maulwürfe ihre Maulwurfshügel bauen und die Laubfrösche auf der Laubfroschleiter sitzen, daß die Eisbären auf dem Eis bleiben und die Waschbären sich waschen, daß die Mäuse an den Käse gehen und die Katzen nach den Mäusen – lauter Kleinigkeiten, denkst du, aber wenn man nicht alles regelt und dann dafür sorgt, daß es nach den Regeln geht, was meinst du, würde passieren?«

Das Cymbelinchen versuchte sich vorzustellen, was dann passieren würde, und wurde ganz müde bei dem Gedanken,

und es verstand jetzt, warum der Prinz so abgerackert aussah, und fragte ihn: »Ist das nun der Ernst des Lebens?« Da nickte der Prinz langsam mit dem Kopf und seufzte wieder und sagte: »Ich glaube, ja.«
Das Cymbelinchen sagte: »Möchtest du da nicht lieber der Peter sein?«
»Wer ist der Peter?« fragte der Prinz. »Und was macht er?«
Das Cymbelinchen antwortete: »Der Peter ist der, der mich am Zopf zieht und mir nachruft:

Linchen, Linchen,
Kesses Bienchen –

und deshalb mag ich ihn auch nicht.«
»Und hat er ein Schloß?« fragte der Prinz.
»Er wohnt bei seiner Großmutter«, sagte das Cymbelinchen, »in der König-Friedrich-August-Straße Nummer drei um die Ecke im Hinterhaus.«
»Das ist komisch«, sagte der Prinz. »Der König Friedrich August ist mein Großvater. Meinst du, sie werden auch eine Straße nach mir benennen?«
Da hüpfte der Vogel Heinrich auf seinem grünen Zweig hin und her und wippte mit dem Schwanz und fing an zu lachen, und das Pudelfräulein Lulu legte sich auf den Rücken und streckte alle vier Pfoten in die Luft und fing gleichfalls an zu lachen, und das Cymbelinchen prustete auch los. Der Prinz aber wurde bleich im Gesicht und rief: »Was gibt es da zu lachen! Wenn ich will, laß ich in all meinen Städten eine Straße nach mir benennen oder alle Straßen in allen Städten, und dann findet sich überhaupt keiner mehr zurecht!«
Das Cymbelinchen aber sah den Vogel Heinrich an, der noch immer mit dem Schwanz wippte, und das Pudelfräu-

lein Lulu, das noch immer alle vier Pfoten in die Luft streckte, und es konnte nicht aufhören zu lachen. Da rief der Prinz nach der Königinmutter und der Hofdame und der Kammerzofe und dem Hoffloh, ganz laut rief er:

Himmel Schock
Potz und Blitz
Prügelstock
Hosensitz –

nur nach der Stallmagd Wittewitt und der Kuh Dora rief er nicht, denn die waren keine Personen von Rang und Bedeutung, und er regte sich so auf, daß man das Schlimmste befürchten mußte. Darauf kamen die Königinmutter und die Hofdame und die Kammerzofe herbeigelaufen, und der Hoffloh kam herbeigesprungen, und sie waren ganz atemlos, aber es war zu spät. Vor Cymbelinchens Augen wurde der Prinz immer blasser und dünner, und dann war er ganz weg.

»Cymbelinchen!« rief die Großmutter. »Cymbelinchen, hörst du denn nicht! Was hast du wieder gespielt?«
Das Cymbelinchen rieb sich die Nase und runzelte die Stirn. Ja, wie war dies alles gewesen! Dann sah es den großen langen Tannenzapfen und den kleinen dicken Tannenzapfen, und es dachte an das Irmchen, seine Schwester, das geheiratet hatte und in einer grünen Kutsche davongefahren war.
»Hochzeit habe ich gespielt«, sagte das Cymbelinchen. »Aber was kommt nach der Hochzeit? Was ist der Ernst des Lebens?«
»Grüne Klöße«, sagte die Großmutter. »Mit Meerrettichtunke.«